JN440235

김길순 시집

단 추

문학사계

머리글

슈베르트의 명곡 「아베마리아 성모여」가 나의 의식을 깨웠을 때는 성모병원 창문에 아침 햇살이 눈부시게 부서지고 있었습니다. 오늘도 삶을 감사하며 그동안 늪 속에서 잠자고 있던 몇 편의 시들을 밝은 햇살에 내어 놓으려 합니다.

그동안 반짇고리에서 갇혀 있던 단추였지만 앞으로는 모든 이에게 필요한 단추의 역할을 해서 미소를 줄 수 있는 내가 되고 시들 통해서 나를 보고 부끄럽지 않은 글을 쓰기 위해서 노력하려고 합니다.

병마와 싸우며 시도 쓰고 국문과에 도전하여 공부도 했습니다. 앞으로 하나님께서 생명을 더 허락하신다면 시어를 갈고 닦아서 고독의 친구, 시와 함께 살아갈 것입니다.

나를 묵묵히 도와준 남편의 시 두 편과 아들의 시 한 편, 그리고 두 딸의 시 한 편씩, 외손자의 동시도 한 편 싣기로 했습니다.

첫 시집을 내면서 항상 정신적으로 버팀목이 되어주신 세분의 스승님께 감사를 드립니다. 한양대 이승훈 교수님과 경희대 나호열 교수님, 그리고 연세대 오봉옥 교수님입니다.

특히 이 처녀시집 탄생의 산파역을 맡아주실 뿐 아니라 작품 해설까지 써주셔서 책을 빛내주신 지창영 교수님께도 심심한 사의를 표합니다.

또한 멀리 미국 플로리다에서 나의 졸시를 애송하고 편지를 보내주신 필립 선생님께도 감사를 드립니다. 그리고 동고동락하며 공부했던 수용미학 학우들, 중랑문인협회 회원들, 한겨레문우들과 시원문학회원들, 시인회의 회원들에게도 고마움을 표하며, 이 보람을 함께 자축하고자 합니다.

2009년 2월 22일 아침에
김길순(인숙) 적음

차 례

2. 매창의 숨결

3. 색소폰 소리

4. 산까치 소리

5. 남한강변 폐사지

1

골바람을 따라가다가

사는 날까지는
심장이 고동쳐야 한다고
바람이 속삭이는 밤,
아파트 골바람을 따라가다가
온정을 마시고 돌아오네.

아베마리아

삶과 죽음의 갈림길에서
죽음보다 깊은 잠의 계곡을 지나
실낱같은 의식으로 떠오를 때
내면의 혼곤한 의식을 깨우며
신천지에 들려오는 소리
아베마리아
아득히 들리는 여명이다가
한 줄기 햇살이 창으로 들어왔다
얼마나 떠내려갔는지 알 수 없어도
재생의 먼 빛이 꿈틀거렸다
병실의 베개가 흥건히 젖을 때
소리 속의 소리를 듣고 있었다
우주에 떠다니는 물오르는 내면의 소리
깊은 곳에서 뾰족 뾰족 움터오는
천지간의 속잎의 소리를.

단추

바닷가에 서면
해변에 반짝이는 그대
야자수 그림의 남방셔츠에
귀여운 단추로 매달리고 싶습니다.

당신 가슴 열고 닫을 때
미소로 다가오며
옷깃 스쳐오는 바람결에
귀엽게 실려 가고 싶습니다.

지금은 반짇고리에
버려진 채 세월을 보내지만
그대 셔츠에 붙게 되는 날
순간에서 영원으로 이어지는
사랑의 징표가 되고 싶습니다

시래기의 맛

무서리 내리자
이엉처럼 엮은 시래기
겨울바람 타고 강 건너
도시로 시려왔다

겨울 갈대처럼 까칠한 이파리
오래 삶아 우려내면
부드러운 무청으로 살아나
그윽한 향기 풍긴다

그 향기 몸에 밸 때
아슴푸레 다가온 그리움
보글보글 된장국
잘도 끓이시던
따뜻한 가슴, 어머니!

이리 무치고 저리 버무려도
당신 손맛 닿을 수 없지만

세월만큼 익은 솜씨
뚝배기 속 어린 시절 맛 살아난다

냉동실 고기 식상한 겨울 식단에
어머니 손맛이 그리우면
눈 속에 감춰진 시래기를 찾는다

삶이란

밥 짓는 소리에서 살아난다네

된장찌개 맛있다고
말해주는 이 있어서 그렇고

눈물 찍으며 살아도
떠오르는 태양과 푸른 하늘

눈짓하는 바람을 만날 수 있어
삶이란
밥 짓는 소리에서 살아난다네.

눈이 오는 날

눈이 오는 날
눈길을 가다가
문득 고향 하늘을 본다

채소밭 울타리는 탱자나무
그 탱자나무 울타리를 지나면
신작로 양쪽으로 눈을 맞는
느티나무와 버드나무
초가지붕에도 눈이 쌓였지

하늘은 얼어서 푸르고
땅은 어머니의 솜이불 같은
눈이 덮여서 포근했다네

그 해 겨울
하늘처럼 얼었던 나에게
눈은 어머니의 기도처럼 내려서
솜이불 같은 꿈을 수놓았다.

봄비에

봄비에
복사꽃이 젖는다.

어제는
소녀의 사과 볼로 다가오더니
화사한 추억을 짧게 남겨놓고
꽃잎이 진다.

바람에
복사꽃이 진다
봄비에 마음이 젖는다.

하현달

어머니,
안부조차 전하지 못하고
벌써 일년이 지났나봐요
작년 이월 새벽 창가에
초승달로 찾아오시더니
기다리시다 하현달로 오셨네요.

시집간 큰 딸에게 보내려고
배추김치 담갔는데,
밤새 허리 아파 뒤척이다가
문득 창을 보니
새벽에 찾아오신 어머니!
거기, 하현달로 뜨셨네요.

엑스레이에 갈비뼈가 반이나 사라지듯
어머니는 파 먹히고 떠나신 달
저는 지금까지 파 먹히고 있는 중
저도 어머니만큼 파 먹히면

어머니 곁으로 떠나게 될 참.

입춘 청개구리

머위 잎에 묻혀왔나 보다

집은 푸른 연못일 텐데
아파트 10층까지
거실을 거쳐 베란다까지 가려면
물길 없는 사막 길
어찌 보이질 않고 숨어서 가나보다.

등판 초록빛이 퇴색하여
갈색의 미동을 보았을 때는
사흘 후 베란다 하수구였다.

아플 때는 울지 않는 개구리
봄눈 진눈깨비가 창밖에서
불티처럼 내리는 봄날
화분의 풀잎 사이에서 며칠을 지내다가
우수 경칩 지나고 가랑비 내리면
함께 봄비 맞으며 고향 찾아 줄거나.

도자기 화병

장식장 은색 공간
해묵은 화병에서 다가오는 추억을 만난다

찬란한 봄 햇살 위로 탐스럽게 피어오르던 모란
꿈 많던 소녀가 활짝 웃는다

아릿한 기억 속에서 죽순을 보면
기차를 타고 달리던 한나절이 떠오르고

생울타리 따라가다 보면
대나무 키대로 서 있는 뒤란
거기가 시댁이었지.

친정어머니 보고 싶어 속으로 울 때면
겨울바람 스치며 댓 이파리 우우 울었지.

화병엔 최치원의 글
등전만리심燈前萬里心이 졸고
추적추적 겨울비 내려
문살에 비친 등잔불 아련히 먼 옛날로
돌아가게 한다

길

어머니가 다녀가신 길을
내가 다시 다니러 와서
강물처럼 가고 있다.

해가 뜨고
해바라기가 해를 사랑하고
달이 뜨고
달맞이꽃이 달을 그리듯

우리는 누군가를
사랑 하다가
그리워 하다가
강물처럼 가고 있다.

골바람을 따라가다가

아파트 골바람을 따라가다가
만나는 오아시스
백화점 무료시식코너에서
한 모금의 온정으로
마른 입술 축이고 돌아오는 길

풀벌레 우는 여름 밤 벤치는
인생을 쉬어가라 하네
가고 오는 바람처럼
초연이 쉬어가라 하네

어릴 적 친구처럼
반기는 가로등 불빛도
무지개 빗살로 다가오는데,

사는 날 까지는
심장이 고동쳐야 한다고
바람이 속삭이는 밤,

아파트 골바람을 따라가다가
온정을 마시고 돌아오네.

떠돌이 악사

허드슨 강 건너
자유의 여신상 찾아 가는 길에
바이올린 소리를 들었다

나의 살던 고향은 꽃피는 산골
어릴 적 기억을 살려내는
푸른 눈의 이국 악사를 바라보았다

모자에 담겨진 지폐는 감동만큼 쌓이고
현의 울림이 뱃전을 때릴 때
저 멀리 횃불을 든
자유의 여신상도 미소를 보냈다

이역만리에서 고향의 추억을 부르고
나무들에게도 새들에게도
영혼으로 속삭이더니
도시의 불빛이 보석처럼 화려한
강 물결도 찰랑찰랑

자연의 악보를 연주하고 있었다.

건반의 울림

젊은 날의 꿈이 담긴
연습실 앞을 지날 때면
익숙한 소리를 가늠한다

피아노 연습실에 들르면
포르티시모 센박으로 시작되는
베토벤 교향곡 제5번 운명을 치기도
하고
손을 풀어서 멘델스존의 축혼행진곡에
20대 신부가 되어 턱시도를 입은
신랑과 융단을 사뿐히 걷는다.

때로는 신혼여행을 가는 기분으로
요한슈트라우스의 봄의 소리왈츠
바닷물에 파도타기를 하듯
건반을 오르내리기도 한다.

도시의 소음에 온쉼표가 걸려

아파트에서 침묵하는 피아노
마음에 낀 먼지를
하얀 건반에서 닦아내기 위해
손가락 끝마다 기다림의 멍울을
풀어줄 연습실로 마음을 끌고 간다.

빈집

폐가의 깨어진 유리창으로
해묵은 나뭇가지들이
멈춰선 시계를 기웃거린다.

쓰레기통을 뒤지던
도둑고양이들 떼로 몰려와
자기들 세상이라고
어린아이 울음을 흉내 낸다.

쥐들이 문틀을 썰어도
쥐를 잡지 않는 고양이들
감잎처럼 흩어지고

찢겨진 거미줄 사이로
햇살이 눈부셔도
깨진 유리창으로
바람만 드나든다.

어머니의 바다

밤이면 푸른 하늘에서
별이 되어 깜박이다가

아침이면 푸른 바다에서
떠오르는 배 한척

대서양으로 태평양으로 따라 가볼까
따를 수 없는 거리

어머니는
풍랑 속 바다를 따라오지도 말고
별을 잡으려 하지도 말고

흙 위에 오래 발붙여
바다를 보며
별을 보며
한 번씩 불러만 달라고

푸른 바다
어머니의 바다여
갯바위에 올라서서
애가 타도록 소리 높여
어머니!

동치미를 담그며

함박눈이 내린 밤
식구들 이야기는 끝이 없었네
땅에 묻은 항아리에서는
조선무들 살얼음 속에
겨울이 동동 피어있네.

사발에 비친 어머니 모습
지금도 아른거리는데,
하늘나라에서도
동치미를 담그고 계실까

함박눈이 왔어요, 어머니!
육 남매 기르시며 동치미 담그시던
시골집은 그대로 있는데,
집을 지키는 감나무에도
바람만 씽씽 지나갑니다.

윷놀이 판의 개

개가 개를 잡고
걸에서 뒷도로 개를 잡고
만만한 개자리는 멀리 뛸 수도 없이
잡히는 이름 개여

나는 잡히지 않으려고
먼 길 돌아가는 길
한적한 만큼 길은 멀고

개가 개를 잡고 살아나
다시 뒤돌아보면
다들 지름길 질러가는
윷놀이 길……

돌아가는 인생길
다시 되 돌릴 수 있다면
잡히지 않은 채로
가까운 지름길을 택하리.

2

매창의 숨결

이화우梨花雨 흩날릴 적에
매창도 젖어 있다
가야금 소리
아릿아릿 파도를 탄나
매창의 손끝에
울며 떠난 님

산행

바람이 없는 날에도
산을 찾는다.

바람 닮은 그대 오지 않아도
노래하는 산새 있고
수정같이 맑은 물이 있어
산에 오른다.

골짜기를 오르다가 시원한
물에 손발을 담그면
온갖 먼지 낀 세상사
시름없이 씻겨 나가고

진초록 나무는 나무들끼리
자연의 터널을 만들어 주며
숲속의 매미는 매미들끼리
여름노래 선사하는
자연의 나라

내 가슴에도 풀물이 든다.

매창의 숨결

이화우梨花雨 흩날릴 적에
매창도 젖어 있다
가야금 소리
아릿아릿 파도를 탄다
매창의 손끝에
울며 떠난 님
그리움 앙금 남아
가락으로 떨린다.

검은 계란

– 일본 오와쿠다니에서

유황 냄새 코를 찌르는 가운데
김이 모락모락 피어 오르는
지옥의 언덕이라 불리는
오와쿠다니 계곡을 오르고 있었다.

유황물에 찐 계란을 먹으면
7년 젊어진다는 장삿속 말을 믿고 싶
어서 일까
모두가 숯검정을 칠한 경극 배우들처럼
시커먼 몰골이 된 줄도 모르면서
검은 껍질을 까고 있었다

우리네 전설 삼년 고개를 떠올리며
두개를 먹었으니 사십대 초반이 되겠
는가
다다미방에서 하루를 묵고
문득 남은 네 개의 계란,

터져 금간 사이로 뽀얀 아가의 피부를
보면서
나도 아가라도 된 것처럼
그 말을 믿고 싶었다.

연꽃 순례

연꽃을 만나러 간다
봉선사 가는 길옆 연못으로
우기의 안개를 걷으면
푸른 연잎 위에
백로처럼 앉아 있는
그것은 하얀 백련이었다.

순백의 비밀을 간직한 듯
소슬바람을 다스린 채
옥구슬을 굴리고 있었다.

연꽃 만나러 산길을 간다
연등 밝히던 연분홍 꽃봉오리
새롭게 태어나는 화심花心
화사한 빛으로 손짓하는
정토를 찾아 다시 길을 걷는다.

마이산 탑사에서

돌탑 위에
돌 하나 얹으면서 소원을 빌었다

귀향하는 연어처럼
여울목을 따라
거슬러 오르는 마음……

산천 가득
꽃 물들이는 노을
태양이 불 탈 때
붙들 수 없는 세월을
붙들어 보려고

마음의 얼레에 실을 묶고
넘어가는 해를 당기며
감고 또 감는다

花溪寺 和音

팝콘같이 활짝 터진
아카시아 꽃 터널 속으로
가랑비 맞으며 오르는 산길에

꽃잎을 안고 흐르는 물은
바위틈의 이끼를 스쳐 지나며
우유 빛깔로 다시 태어난다

산새도 날지 않는 정적을 깨고
골짜기의 물결이 악보 없이 연주할 때
물안개는 벼랑으로 기어오른다.

수 천 수만의 등불을 켠
화계사 아카시아 꽃은
동자스님 미소와 겹친다.

하회마을 풍경

홍시 감 하늘 드높이
주홍색 노을 되어
찬란히 빛나는 산자락

선비들이 시를 읊었을
단아한 병산서원에 올라
저무는 계절의 길목에서
수키와 막새 한옥들 에워싼
마을을 사색한다

비바람 스쳐
세월이 머무는 버팀목 나이테에서
툇마루 한지 문살에도
조상들이 스치고 간 흔적을 더듬는다

흙담을 돌아
열녀를 기려 세운
정숙한 여인이 다가온다

여인네의 정한을
무등을 타고 각시탈춤을 추며
모닥불이 다 타도록
징을 울렸던 하회마을
옛 숨소리 여전히 흐른다.

김유정 생가

가랑비에 봄날이 젖는다
뒷산 뻐꾸기는 귀에서 울고
창호지 문살 뒤에 소년이 웃는다

박하 향기에 젖은 송이버섯도
낡은 화투짝에 섞여서 논다

머루 다래 더덕 칡뿌리도 한 소쿠리
세월의 강을 건너
만무방의 애환을 이어가는
등장인물들이 살아 움직이는 듯,

산골 아담한 초가지붕 위로
봄봄 따라지 동백꽃 보따리는
방문객들의 입에서 입으로
시어詩語 솔솔 살아나고 있다

알싸한 향기 속에 풀어지던

점순이의 옷고름처럼……

김유정 생가에서

가랑비가 소설보따리를 풀고 있었다
소설보따리가 가랑비에 풀어지고 있었다.

푸는 이야기와 풀려지는 이야기는
창호지 문살 같은 무늬를 이루고 있었다.

낡은 화투짝들,
솔광과 싸리 껍질에도
세월 한 자락 멎어 있었다.

가랑비 내리는 초가지붕 위로
봄봄 따라지, 소설 보따리
새록새록 풀어지고……

봄날에

청평사 계곡 햇살이
진달래 꽃잎을 크로키 한다.
계곡 물에 떠가는 꽃잎들
뿌리 잃은 삶을 서러워하는가.

안개로 허리 두른 산이
신비를 머금을수록
봄날은 간다고 한탄하는 사람들,

나도 그 중의 하나가 되어
연분홍 봄날이
자꾸만 간다고
봄날은 간다고, 나도 간다고……

바자회 풍경

아파트 마당에 시골 장이 섰다
먹거리 의복 잡화 농산물
사고 파는 소리 떠들썩하다.

조용한 모퉁이 옆에서는 그림 전시품
청보리 5월 보리밭과
밝게 웃는 해바라기가 팔린다.

화가는 거실 벽에 그림을 걸고
뿌듯한 감회에 젖는다

따가운 햇별 아래 멈춰선 목마
꼬마 손님들은 해거름에 모여들고
나무마다 별들이 내려와 불을 켜고
아이들은 꽃피고, 열매를 챙기는
목마주인 아저씨 주름을 편다.

깊어 가는 여름 밤,

해물파전에 동동주 마시는 아저씨
국회의원과 정비공장 아저씨
정겨운 이야기꽃은 끝이 없다.

등불 하나 둘 꺼질 때
모두들 신발에 실려 가면서 손을 흔든다.

박연폭포

녹음은 여름비에 촉촉이 젖어있고
층암절벽에서 떨어지는 물줄기
은색 물보라는
절세가인 황진이의 속살처럼
물안개 비껴나 무지개로 피었다.

숲속에서는 휘파람새 소리
유리벽을 통과하듯
쨍하며 핏줄을 타고 돌아나갔다.

송도삼절은 말이 없는데
연못에 잠긴 밀어들……
매섭게 다가오는 섬뜩한 바람
통일의 북소리는 울리지 않고
물소리 새소리 햇살에 날린다.

낙숫물소리

소 외양간에 고인 물 같은
그런 누르스름한 물이
초가지붕에서
뚜두둑 떨어져 내린다

지난 여름 불볕더위 속에서
썩어 내린 저 낙숫물은
무슨 아픔 있기에
저렇게 온몸으로 떨어지는가

을씨년스런 겨울을 재촉하듯
실금실금 내리는 비
긴 곰방대 물고 먼 산 바라보며
빼금빼금 빨았다 내어 뿜는
할머니의 시름을 달래는 담배 연기

허무의 연기 사이로 떨어지는
저 물방울은 마음에 고인 목숨인가

외양간 소를 바라보시며
낙숫물 소리를 내신.

“웬 비가 종일 오누
댓돌 위 신발 다 젖게.”

텃밭

울타리에는 들깨를 심어
여름 반찬 잎사귀 볶고
알알이 익은 깨알 털어
참기름 깨소금으로
가을 식탁은 향기롭다.

넓은 고랑에는
빨갛게 익은 고추
지난 장마철에 떨어지지 않고
살아남아
애간장 녹인 주인 속
한 시름 달래 주는 듯
무게를 더해 간다.

호미로 가꾼 터전에서
흘린 땀방울만큼이나
나눠줄 수 있는 결실이
내일로 향하는 나에게

노을 한 자락 살며시
어깨에 걸쳐준다.

3

색소폰 소리

불멸의 연주자 루이 암스트롱은 갔어도
흑인영가가 우리들 가슴에 살아있듯

색소폰의 울림은 온 누리에 눈으로 덮이듯
살아있는 영혼의 소리로 고통의 늪에서
건져줄 수 있는 속삭임

민들레와 나비

도심의 정원에
샛노랗게 피어있는 민들레
연인을 부르기 위한
꽃방석이 황홀하다.

반공중에서
하늘하늘 춤을 추는
나비들의 축제
꽃잎에 사뿐히 내려앉는다.

뒤꿈치 쳐들고 선채로
봄이 다 갈까봐 두려워
지나는 인파 속에서도
축제는 끝없이 이어진다.

그리움

서른여덟에 혼자된 우리 어머니
육 남매 교육시키느라
그 많던 논 밭 팔기 시작해서
겉보리만 남는 고개에

복사꽃은 피고 어머니 얼굴도
아픈 속만큼이나 홍조로 달아오르는데
대문 밖으로 나서기 주저하던 어머니

어느 날
비단 전을 여셨다
철모르는 딸 붐비는 손님에는 관심 없고
비단 색상이 곱기만 했다
두루마리에 감긴 양단 호박단 여름 옷감은
갑사 항라는 물결무늬로 시원한 옥색 기쁨

그 화사한
색상들이 추억으로 다가오는 밤
색동 저고리 만큼이나 고운 제라늄 꽃이
창가에서 웃으며 가슴을 저미게 한다
마음으론 비단옷이지만 눈으론
겨울밤을 바라본다

지금도 어머니의 연지 볼은 붉은 꽃으로
자꾸만 자꾸만 피어오르는데.

거울

바람 잔 강물에 달빛 스미듯
고요함으로 고요를 닦아야 한다

아침에 떠오르는 해와 같이
장미꽃 환하게 떠오르는 얼굴
소녀에서 노년까지 역사가 흐른다

세속의 먼지를 닦으면
풋풋한 버들 이파리같이
노을에 빛나는 머리카락
세로줄 나이테가 보이고
세월의 앙금 속에서도
빗살무늬 아른아른 추억을 부른다

먼지를 닦으면 거짓이 없고
내면을 정직하게 보여주는
변함없는 속사김……
우리는 언제나 둘이 아니다.

접시꽃

풀들이 무성한 길섶에서
아파트 좁은 공간에서
핀다 해도
처소를 탓하지 않는다

달덩이 같은 아들 딸
잘도 낳아 기르던
조선의 어머니,
꽃망울 한정 없이 안고
여름 비바람에 꼿꼿이
보듬고 서서
꽃답게 피어내는 접씨꽃
여자의 일생처럼
저리도 바쁠까.

빗물방울

투명한 유리창에
은색 물방울이 떨어진다

낙하가 싫어서 매어 달린
물방울도 처마에 붙어 있다.

그러다가도 한순간
미끄러지듯 주르륵
아가의 눈가에 맺힌
구슬이 떨어진다.

어느 돌배기 아기가
해외 입양하던 날
눈물방울처럼 맺혔다 떨어진다.

유리창에 붙은 저 물방을들
엄마 가슴에 꼭 붙어
떨어지지 않으려는

동심 같은 봄비에 바람이 분다
빗방울에 마음이 젖는다.

초승달

새벽녘 창가에
눈썹달이 떠있네
이월 초순 달 뜨는 초나흗날이 내 생일이지
육 남매 홀로 키우시며
쌀쌀한 초봄같이 살다간 어머니
초승달같이 생긴 내 눈썹 예쁘다 하시며
머리를 쓰다듬어 주시던 어머니
새벽녘 창가에 눈썹이 걸리면
어머니 생각에 잠을 설치지.

푸른 바람

서울에서 굽이굽이 산길을 지나 들어오면
푸른 호수의 바람이 두통도 없애주네

여름 바람 부는 청풍 호숫가
새벽 물안개
비단결로 나부끼는 풀잎
주홍색 엉겅퀴 꽃들의 울타리
아름다운 자연이 말없이 선물을 주네

지나가는 여름바람 속에 내가 서 있네
같이 하지 못한 당신의 몫까지
진종일 푸른 바람 마시고 돌아가려하네

봉평 메밀꽃

소라 빛 하늘 아래
가을 햇살이 텃밭을 태운다

연둣빛 꽃망울로
유년을 깨우더니
눈부신 미리내 수만 송이
소금처럼 반짝인다

새빨간 정열
홍학의 다리로 일어나
받쳐 든 꽃대
군무로 너울거리고,

온몸으로 가슴 저미어
약속에 여무는 까만 씨앗들
봉평을 지나는 발걸음을 붙들고
창 너미 홍학들 일제히 춤을 춘나.

지리산 얼음꽃

겨울 한 복판에서
떡갈잎 다 떨어지고
앙상한 가지에
눈 꽃잎 옷 입혀
얼기설기 무성하구나

햇살 사이사이
크리스털 유리빛
때 묻은 지난 시간들
투시되어 녹아 내린다

적막한 지리산 자락
골짜기마다 떠도는 영혼들
아픈 사연 잠재워
무한한 허공 속
은하수로 빛나고

육각의 얼음 보석

어둔 밤에 키를 키워
하얀 아침 풍경 속으로
손짓하고 있다.

물고기

어항 속 물고기 두 마리
세 살 난 딸아이가 보고
기뻐하니 나도 기쁘다
색동 띠 두르고 꼬리 흔들며
바다를 헤엄치듯 부지런히 돈다
세 발 자전거 돌아가고
물고기도 돈다

어항 속 비단잉어 두 마리
꼬리지느러미 찾아내는 딸아이

종일 헤엄쳐도 부딪침 없는
원 고향은 알레스카인가
남태평양인가 까마득히 잊고
어항이 고향인줄 알고
잘도 노는 물고기
사랑스러운 물고기

까만 머리의 열정

강의실 안 학생들이 힐끔 힐끔 쳐다보며 나이를 가늠한다 황금빛 탈색머리 백발이 성성한 머리, 한 사람 건너 윤기 자르르한 검은 내 머릿결에 시선이 머문다. 지나온 세월을 애써 감추려 흰 화선지 위에 먹물로 수묵화를 치듯 웰 칼라로 염색한 나의 머리였지만 주민등록번호는 앞자리 수였다. 헤실헤실 웃는 풋내기 청바지들의 미소가 예사롭지 않다. 돋보기안경 저 너머에 A^+학점이 보일 듯 보일 듯, k교수는 뿔테안경 너머로 칠판에 모방론의 원조 플라톤 이데아 사상과 아리스토텔레스의 개연성의 강의는 이어지고 노트위에 세로로 누운 내 글씨는 열정을 다 할수록 까맣게 아주 까맣게 덩어리로 빛이 난다.

색소폰 소리

언제나처럼
어미가 자식을 사랑으로 키웠듯
험난한 세상을 항해하며 살다
찾아온 아들
감사하다는 말 하지 않아도

“날 사랑하는 부모형제 이 몸을 기다려”
색소폰으로 포스트 곡을 연주해 주면
잠들은 영혼을 깨워주는 신비의 소리
로 다가온다

불멸의 연주자 루이 암스트롱은 갔어도
흑인영가가 우리들 가슴에 살아있듯

색소폰의 울림은 온 누리에 눈으로 덮
이듯
살아있는 영혼의 소리로 고통의 늪에서
건져줄 수 있는 속삭임

내 늘그막엔 로댕의 모습으로 피아노 연주
쇼팽의 즉흥환상곡을 들으며 지나려 했는데
마력의 소리 색소폰의 연주도 간간히 들으며
조용히 무아지경으로 빠져가고 싶다.

귀로

택시는 방배동에서 고속터미널까지 지체된 지 한 시간
차창에 날리는 가랑잎 한강 물에 비치는 낙조
감상은 조각나 버리고
몇 차례 마신 녹차는 창자의 벽을 타고
급강하여 종점에서 문을 두드린다
절박한 순간 미로를 벗어나 내린
터미널 지하철역

경부선 호남선 바쁜 나그네 길
나는 7호선 타고 서서 한강을 건넌다
하얀 표시판에 쓰인 정겨운 역 이름들
읽는 순간 떠나오고

지상의 별자리를 찾아 속속 내려 사라지는
낯선 사람들

붕어빵 노점을 지나오는 길
나는 밤8시경에 사가정역
밤바람에 코트 깃 여민다.

봉선화

세월이 가도 사라지지 않고
내 안에서 언제나
고향의 뜰로 손짓하는
그 고운 꽃잎들

손톱에 빨간 꽃물 들여
반달이 될 때까지 보고 또 보던
그 해 여름
꽃물 들여 주시던 젊은 어머니
나를 보고 웃으시던 저녁.

그 길었던 여름이 짧게만 지나가는데
도심의 창가에서
가녀린 너의 모습을 보며.

이듬해는 더 고운 꽃빛으로
태어나기 위해 아파트 뜰에서
빛과 바람을 넘치도록 받아

고운 꽃 다시 피어나리.

솟대 위 기러기

내 생애 솟대 위 기러기처럼
하늘을 날 수 있는 준비가 된다면
토끼 같은 손자도 보고
무지개 같은 세상 다 살아보았으니

숲속의 파랑새처럼
그 한 날에 날아가고 싶다

솟대 위에서 머물다 가는 기러기처럼
호수 건너 바다 건너 어느 마을에
들려 세상을 굽어보리

제천 청풍명월 가을 하늘
은색 햇살이 사방을 비추이고

고장을 지키는 솟대 위 조각상
기러기의 나래 짓을 보면은
마음은 벌써 은색 날개를 달고

하늘 구 만리를 날고 있었다.

월악산의 삼월

봄빛을 가슴에 드러내고
물오른 나뭇가지들은
흔드는 몸짓으로
싹을 틔우나 보다

낮달을 머리에 이고
바위계단을 시오리
걸어 오르면

높은 곳에 우뚝 서있는
고려시대 손자국의 흔적
마애불을 만난다

산 너머 절 집에선
풍경소리 흩어지고
파란색지위에
하얀 달은
월악산이 베고 있다.

안동 신세동 7층 전탑

길 저쪽 기차 길옆
회벽색 흙먼지
시멘트로 땜질한 7층 전탑

날짐승 날아와 꼭대기에 씨 뿌려
차라리 넝쿨로 덮어
흔들리는 틈새 가려주려 했을까

쇠 마찰음 쉴 사이 없이
뿌리를 흔들고
흙비 바람
내 몸 깎아

곱게 쌓아 올린 모습
원형을 잃을지라도
천수를 다할 때까지
버텨야 하는
딱한 신세동 7층 전탑 국보 16호

봉정사에서

단청에 남아 있는
흔적을 살피고
돌아서는데
처마 끝 풍경소리
여운도 애잔하다

하늘을 우러러
욕심을 비우라
해탈의 깨우침인가

정적을 깨트리는 풍경소리
선율도 바람 따라
알레그로와 안단테……

맑은 울림의 소리가
마음을 사로잡는가
무에서
깨닫는 나의 존재.

중랑천에서

쓰레기통에서 장미가 피어난다

가을 햇살 내리는 둑길
풀 섶에 앉아 내려다보는
물의 흐름과 꽃의 속삭임,
물오리 떼는 물살을 가르고
낚시 줄이 반짝이는 반공중
환호성이 터지는 가운데
물새들도 날개 짓이 바쁘다

끝이 보이지 않는 뚝길
코스모스 한들한들 손짓하며
소금처럼 눈부신 메밀꽃들
바람결에 눈짓하는 풀잎들
자연의 하모니, 하모니카소리
물난리는 사라지고 꽃피는 웃음
도시 사람들은 시름을 잊고
애드벌룬 아래서 발을 담근다.

노인정에서

갈대들 바람에
날리거나 말거나
고목에서 꽃이 피는가.

지나간 세월만큼
주름 잡힌 얼굴들

바위처럼 굳다가
겨울잠 자는
나무이고 싶은가

갈대 같은 은빛 머리에
웰칼라로 물들이는
노인 한 분.

치악산에서

초여름의 밤꽃 내음
비릿하게 스치는 산자락
뽀얀 실타래 같이 드리운 꽃

밤색 어두운 그늘을 벗어나
연못 속의 화사한 백련에
세속의 번뇌를 털어낸다

맑은 하늘을 이고 사는
치악산 자락에 서서
하낮을 보내면
수면에 비치는 나를 만난다.

바닷가에서

바다가 노을에 부끄러움을 탄다.

썰물 개펄에
산맥 같은 물결무늬
몽근 모래 사이로
앙증스런 생물들이 바쁘다.

방게가 구멍을 뚫고
모래알을 밀어 올린다.
여인의 머플러가
해초 바람에 젖는다.

연서戀書는 노을
해를 먹고
소금 바다를 밴다.

4

산까치 소리

겨울날 찾아온 내가 반갑다고 까치까치
요란스럽다 그때 우리가족 다섯 식구 모두
눈시울에 이슬방울 맺혔었지 오늘 뜻밖에
반기는 까치 가족 다섯 마리 귓전을 뚫고
심장까지 여운 남기는 저 소리

하와이 정경

윤기 반지르르한 여인들이
훌라춤을 추면서
꽃목걸이를 걸어주었다

야자수 잎사귀 사이로
햇볕이 내려 쪼이는 바닷가
젊은이들이 낭만에 젖어 꿈틀거리는
비치파라솔은 태양에 눈부시다

'쇼'가 벌어지는 무대에
검은 허벅지에 맨발의 젊은이가
야자수 잎을 휘감고 나와
징글벨을 우리말로 부르라한다

우리들은 나중에야 알아들었다
두세 번 되풀이 끝에야
종소리 울려라, 한국어로 불렀다

바람이 세차게 불어 머리카락 흩날리는
하와이 해변을 걸어 나오면서
다음에 오는 우리나라 여행객은
아뿔싸! 하는 아쉬움을 남기지
말아야 할 텐데 하고.

부안 바다

봄바람은 해초 내음을
새만금 방죽에도 실어왔다
갈매기는 비행에 분주하고
만선을 꿈꾸는 어부들은
어망을 끌어올리고 있었다

햇살에 타는 일손
물새들의 나래 짓이 사라지면
어선들은 닻을 내리고
붉게 물든 저녁
피로를 푸는 잔이 오간다

주꾸미 축제가 열리는 날
바다를 울리는 풍물소리
뭍으로 하늘로 메아리친다
고향 지키는 저 바다

찜질방

바닷가에서 실려온 까만 자갈
우주 속에 뿌려진 별들같이
빛나는 공간,
돗자리 위에 누워
시를 생각하며 만난 숙, 기, 옥
별들과 랑데부 하는 동안
모래시계 세 번 뒤집었다

방 온도 70도
문득 어머니의 모습이
불볕더위에서 밭일하시며
목덜미 땀띠까지 참고 견디신
그 삼복더위
찜질방 나의 여름
투정조차 죄스럽다

휴게실에 드러누운 얼굴 위로
한줌의 바람이 호박 잎 사이로

불어오듯 땀을 쓸고 간다
삭신이 뻐근한 날 별들이 있는
찜질방을 찾는다.

옷걸이의 자서

백화점에서
계절 따라 제일 멋진 옷을 갈아입고
고객들의 시선을 끌다가
거대한 저택 옷장에
들어왔다

나를 비워둔 채
주인님은
여러 날 외출 중이시다

사모님은 벗은 나의 모습을 보며
외로운 시간을 보내기 일쑤
나는 불안하다

어느 날 갑자기
외로움에 견디다 못해
분리수거에 던져 질 수도 있기 때문
옆에 걸린 여성 옷걸이와 운명을 같이

하는 도구로 남고 싶다

전화벨이 울리고 비행기는 착륙
나의 외로움도
시효가 지났다.

오색 송편

팔월 보름달 비치는 창가에서 송편을 빚는다. 쑥을 넣으면 초록빛깔 윤기 자르르 흐르고, 국화 꽃잎 색색이 넣으면 분홍빛 노란빛 피어나 어린 아이들 좋아하는 깨소금 소를 넣고 , 어른들은 밤, 콩으로 소를 넣는다. 송편을 예쁘게 빚으면 예쁜 색시 얻는다는 옛말이 뒤 바뀌어 내가 만든 송편보다 남편이 만든 송편이 더 예쁘다.

햅쌀로 빚은 송편이 익어 솔향기 입안을 가득 맴돌다 고개를 넘어갈 무렵 쟁반 위에 비치는 어머니 얼굴에 목이 메어 눈물 그렁그렁 그리움이 앞을 가리고, 택배로 보내온 한산 모시 동네 상자 속에는 코빼기 고무신 반만한 더북쑥, 모시 송편들이 팥을 거피 내어 빚어진 정성에 딸들도 손녀들도 어서어서 먹어라.

지나는 나그네에게도 나눠주는 기쁨에 시골 들판 오곡백과 춤을 추네. 보름달이 오르고, 차례상이 차려지면서, 쟁반 위에는 흰반달, 쑥반달, 국화반달, 모시반달의 송편 송송송 팔월 보름 한가위 조상님께 올리는 차례상에 넉넉한 가정사 자손들 손놀림이 바쁘더라.

산까치 소리

동작 초등학교가 내려다보이는 언덕길 오르면
소나무 빽빽이 들어선 숲 속 발길을 멈추게 하는
산까치 소리 바로 여기가 몇 년 전 애완견 치와와를
길섶에 묻어 주었던 생각이 나는 곳 윤기 자르르한
털하며 몸매 예쁜 놈이었지 저 까치 또한
목덜미에 자르르한 윤기 날렵한 목놀림

치와와가 새가 되어 태어났나 겨울날 찾아온
내가 반갑다고 까치까치 요란스럽다 그때 우리가족
다섯 식구 모두 눈시울에 이슬방울 맺혔었지 오늘

뜻밖에 반기는 까치 가족 다섯 마리 귓전을 뚫고
심장까지 여운 남기는 저 소리 내가 사당동을
떠나 삼 년 만에 찾은 지 먼저 알고 있었나 보다
텃새 까치여.

장식장

이사 온지 2년이 지나서야 장식장 하나를 사왔다 내 생애 여행 가방 하나 챙겨놓고 살려 했는데 도자기 몇 점 때문이었다 목단 꽃과 죽순이 그려진 화병과 최치원의 시 '窓外三更雨 登前萬里心'이 새겨진 대형 호롱 그리고 지금은 고인이 된 문화재전문위원 김종태 선생이 따님의 피아노 레슨비로 몇 달 건너 한 번씩 주신 도자기 기억을 하면 외딸 송희를 아끼는 마음에서 주셨을 것이고 돈보다 더 값진 선물을 보관하기 위하여 2005년 1월 중곡동 가구점에 가서 유리로 된 장식장을 골라왔는데 번쩍이는 물건을 싫어하는 남편이라 둘러댈 궁리를 하던 중 세일을 한다기에 반값에 들여왔어요 했다 반들반들 닦여진 거울 앞에 놓여진 도자기 본래의 색체 무늬가 빛을 찾아내고 있었다 유리반사에서 그림자 하나씩

더 비춰주니 외롭지 않은 은색 공간 나
만이 아는 삶의 공간 장식장과 백자와의
만남 이제야 머무를 곳을 만난 듯.

거실 풍경

고요가 흐르고
벽에 걸린 액자에 시선이 머문다
함박눈이 펄펄 내려
초가지붕을 덮고
장작이 가지런하다
풍경은 도시인의
갈증을 축여주는
한 모금의 샘물이다.

지나치며 보았던 도자기 그림에서도
계절 따라 피고 간 꽃이 그립지 않을 만큼
난과 매화에서 풋풋한 매력이 영혼의 안식을 준다

창문의 커튼이 내려진 불빛 아래
액자 속의 눈 나리는 추억을 만나고
계절을 느낄 수 있는 꽃들을 만나

나의 영혼은 붓 스치고 간 꽃망울 위에서 머문다.
새 봄을 맞기 위하여.

하늘공원

나무 계단을 올라가
고개를 들면
오물을 안고 태어난
산 정상에 서게 된다

가을 서리 내릴 줄 모르고
웃자란 길섶의 풀잎들
억새꽃은 잿빛을 털며
난지도의 추억을 애써
감추기라도 하려는 듯
노을빛에 흔드는 깃털이
따사롭다

바람개비는 돌아가고
나를 보는 장수하늘소
눈알을 양은으로 반짝이며
하늘 공원에서 태어남을
자랑이라도 하듯

기상이 늠름하다

내가 오른 산은 정상이지만
쓰레기를 쌓아올린 태산이구나
누가 하늘 공원이라 부르나.

아침 바다

잉크를 풀은 듯 파란 물빛
저 물로 하얀 손수건 청색으로 물들여
우리가 지나온 푸른 시간들을 잠재워
당신의 옷 갈피에 오래도록
넣어두고 싶어라.

또 하나의 소망은
파란 물 은대야에 담아서는
청춘의 빛깔로 비칠 수 있는 모습
부모님께 보이고 싶어라.

어제 밤
서귀포 밤하늘은 바다보다 더 파란 창공
아스라이 먼 곳에서 부모님의 별인 듯
내내 깜박였지요
그 파란 하늘이 아침 바다에 내려앉아
아픔의 눈물을 씻어 주었습니다.

강물이 세상의 온갖 욕망
아픔들을 바다로 풀었기에
그 아픔 소금으로 숨죽여
멍든 가슴 삼키고
고운 빛으로 다가와
철이 들게 하고
사랑도 알 듯 합니다.

야광 시계

찜질 전기장판 위에 누워
감기를 사로잡는다

챗바퀴처럼 도는 온도계에
기침을 콜록일 때마다
불똥이 깜박 깜박 흔들린다.

야광시계는
푸른 바닥으로 빛을 쏟아 붓고
인터넷 모뎀에선 반딧불이가
황색 날개를 파닥거린다.

반딧불에서
아련히 사라져간 등잔불까지
감기로 누워 생각한다.

살아있는 눈빛과
온도계가 마주칠 때

밤은 빛을 낸다고.

눈에 불을 켠
야행성처럼.

도솔암

선운사 도솔암 가는 길
오라는 약속 없이도
이어지는 행렬
단풍잎 밟고 골짜기 따라 오르면
숲 속 암자처럼 먼저 들리는

독경소리 지장보살 지장보살
하늘 길 열어 놓고 부르는 소리
어머니의 손짓으로 흑흑거리며 올랐는데
목탁 치는 스님 모습만
솔바람에 흩어지는 독경소리

살아있는 내 목숨
오색 단풍 만나고
단풍 밟으며 내려와
소음 속에 묻히는데

여운으로 남는 독경
하늘과 땅 사이에
깨우침이 있는 것 같은데.

가을밤에

찬비 내리고
단풍잎 붉게 물들면
보일러도 가슴에 불씨가 붙어
단풍으로 탄다.

여름내 썩어 고인 물
허무의 연기로 날아가고
산천을 물들일 것 같은
젊은 시절의 사랑
세상을 초침 뛰듯 살아온 날들

서리 내리고
주민등록증 위에 돋보기 안경이
크게 보이는 것은
책갈피 속의 단풍잎을 기억하라고 말하는
가을밤

가스는 단풍으로 타고
내 가슴도 탄다.

헬스클럽에서

러닝머신을 타고 산을 오르듯 걸어 오르다
속삭이는 풀잎 푸른 나무는 없다
공기 청청기와 운동 기구 닫혀진
공간에서 체력을 단련하는 이들

남편을 위하여
아내를 위하여
존재를 위하여
건강을 지키고 살을 빼는 건
인간의 본능인가

산바람 없이도 산을 오르고
강바람 없이도 바람을 타는
쇠와 플라스틱 공간에
이름 모를 팝송이 움츠려
자세를 확보하게 만든다

사이클 바퀴 돌아가는 사이로 설핏
아령 같은 다리가 보이고
무거운 쇳덩이 들어 올리는
남자의 근육에는 산이 그려진다.

쏟아지는 땀방울 곡선 따라 굽이굽이
해풍을 몰고 올 때쯤 정지한다
소낙비 사이로 욕망의 노폐물까지
쏴 씻어 내면 힘이 솟는 듯

어느 이십대 비만 아가씨
저울대 내려오며 얼굴을 찡그린다
내일은 인수봉 정상까지 산행을 해야 한다고
그러나 모두들 러닝머신 타고 꾸준히 달리면
안 될 것이 없다며 문을 나선다
아주 가뿐한 마음으로.

5

남한강변 폐사지

스쳐간 이름은 비문을 남기고
떠난 사람 실체는 보이지 않는다.

저 거대한 돌을 정교하게 다듬어
천년만년 우리를 위해 보여주려 했을까?

도시의 야경

까맣게 어둠이 내리면
가로등 불빛이 이어지고
횡단보도 건너는 신호등 앞에서
눈치껏 건너는 이들 사이에
행인들은 갈등하며 서성거렸다

무거운 짐들을 내려놓고
안식을 찾으려는 라이트 행렬
약국에서 슈퍼에서 호텔에서
반짝이며 밤을 밝힌다

기침을 콜록이는 소시민들 위에
황사가 내리는 여름 밤
네온사인은 어둠과 맞서
소멸되다 다시 살아나며
일상을 연장하고 있었다.

갈대를 보며

늪에서 자라나는 갈대
소슬한 바람이 불면
날카로운 잎새끼리
부딪쳐 상처투성이
바람 부는 대로
머리 숙여 한들거린다

질척이는 늪에서 빠져나와
달릴 수 있는 길을 갈망했으나
발을 놓아주지 않았다
시간은 젊음을 삼켜
일몰의 끝자락에 설 때
멀리서 바람에 날리는
은빛 머리 결

끝내는 떠날 수 없어
월동 준비 위해 눈발 날리듯
얼굴 마구 흔들며 회색 솜털 뿌린다
저 가녀린 여자.

돈이네 가게

하늘도 얼고 땅도 얼었던 그해
사당동 노점상 두 뼘 자리에
콩나물시루 하나에 생계를 건 부부
보름달 얼굴에 시도 때도 없이 웃어
바보로 소문난 부부 장수

한 소쿠리씩 다 퍼주고 뭐 먹고 살지
돌아서며 걱정하는 알뜰 주부,

해가 바뀐 어느 날
장의사 집 이사 가고 비어 있는 그 점포
웃는 부부 이사 와서 냉한 분위기 몰아내
사람들은 문전성시 이루고,

군대 갔다 온 아들
배달량 많아 땀수건 목에 걸고
자전거 열심히 밟더니

다른 노점상 모두 젖히고
맨 먼저 아파트 장만한
돈이 쌓이는 돈이네 가게.

가을

갈잎이 날리면요
멀리 시집간 언니 생각
올케 먼저 보내고
홀어머니 모시고 사는 오빠 생각
이 생각 저 생각 마지막 갈잎이 떨어진 곳은
잔디 떼 이불 덮고 누운 아버지 계신 곳으로
생각만 앞서 갈잎을 밟으면서
달려갑니다.

노래방에서

네온사인 불빛 아래
복사꽃으로 피는 얼굴들
마이크를 잡은 손 끝에
남쪽나라 바다 멀리 물새가 난다

흥겨운 메들리가 흐를수록
징검다리 건너던 기억들,
일상생활을 뒤로 미루고
새로운 추억을 만들고 있다.

강화도에서

수평선 위에 섬광으로 타는 해
오렌지와 붉은 장미 잘 익은 복숭아
색깔로 다가와 인사를 했다
갯벌 위를 맨발로 걸어가는 그녀를 본다.

신발을 손에 든 채 발꿈치마다
짭조름한 해초 내음 스며드는 향취에
온몸은 붉은 수액으로 번진다.

참성단 가는 오백 계단을 오르고
내려올 때 고독한 나를 진달래와
흐드러진 벚꽃이 낭떠러지에서
떨어지지 않도록 인도했다.

붉은 햇살이 만신창이 된 몸을
관통하며 맨발로 갯벌위에선
포즈를 섬광으로 촬영해 갔다.

마이산 탑사에서

돌탑 위에
돌 하나 얹으면서 소원을 빌었다

귀향하는 연어처럼
여울목을 따라
거슬러 오르는 마음……

산천 가득
꽃 물들이는 노을
태양이 불 탈 때
붙들 수 없는 세월을
붙들어 보려고

마음의 얼레에 실을 묶고
넘어가는 해를 당기며
감고 또 감았다.

단풍

보라 빛 하늘에
낙엽이 지면서
서산에 해가 지듯이
계절을 재촉하고 있다.

인생길
속절없이 가고 오고
피아노 레슨을 하고
용마산 산행을 하며
시를 쓰는 동안
인생도 물이 들었다.

단풍잎에 누워
가을 하늘 올려보는데
무슨 말이 필요하랴
사푼히 떨어지는 단풍
순간과 영원의 징표를 본다.

군고구마

쌀쌀한 겨울날
군고구마 수레를 눈여겨보았다.

김이 모락모락 나는
군침 돌게 하는 고구마
하나만 먹어 봤으면 했었지.

지체 부자유 그 아저씨
생활이 걱정되어
몇 봉지 싸 들고 왔었지.

목이 메어
다 먹지 못하는 고구마에서
바람 소리가 들렸지.

땅이 얼어붙은 매서운 날
다 팔지 못하고 가면 어쩌시
그래도 그 아저씨는 말했다.

더 추워야 다 팔고 간다고
발을 동동 구르면서 말했다.

네 잎 클로버

내 마음속에는
네 잎 클로버가 있다.

추억의 꽃밭이 아파트 뜰 에
파랗게 깔려있다.

꿈꾸는 시골을 가까이 보려고
한 삽 떠서 베란다로 옮겨왔다.

문득, 친구의 모습이
풀 뜯던 토끼, 나비들이 스칠 때
마음은 고향의 풀밭으로 달려간다.

행운의 네 잎 클로버를 찾던
저 푸른 5월의 계절로.

만물상

기암절벽이 이어지고
하늘까지 치솟은 봉우리들
사진을 찍을 때
동물들의 형상들이
하늘로 승천하려는 듯
일어서면서 얼굴을 들고 있다.

눈이 부시는 금강석
수 천 수만의 봉우리여
너를 보려 찾아온 나에게
반갑다고 말 좀 해 주렴아
남쪽에서 보는 그 다람쥐
바위틈에 숨어서 눈웃음 짓는다.

내 마음 아는지 모르는지…
만물상 꼭대기에서 불어오는
바람을 마실 때는 경계가 없었다.
마음대로 가고 오는 바람
그 바람이 부러웠다.

V자 수염

옛날 산신령의 수염과
지폐에 보이는
이황 이율곡 세종대왕
모두 V자 수염
소리 나는 대로 V를 브이로 읽으면
영어 V는 빅토리의 첫 글자가 된다.

예쁜 한복의 목선도
V모양으로 되어있어
작은 땅덩이지만
결코 굴하지 않고
승리로 나아간다는
조상들이 알려준 표상이기도
파도를 타는 인생을 항해하는
V자 돛단배를 보아도
희망과 경이로움을 보여준다.

V자를 뒤집으면 山이 된다.

많은 복을 주는 V자
가방에 V자 수염지폐 가득 채우면
산신령의 수염이 효험 있다 하겠네.

남한강변 폐사지

스쳐간 이름은 비문을 남기고
떠난 사람 실체는 보이지 않는다.

저 거대한 돌을 정교하게 다듬어
천년만년 우리를 위해 보여주려 했을까?

그들은 흙 속으로 가고
폐사지에서 흔적인 유물을 남겼다.

세월 더 많이 흐른 후에도
흔적은 남아지겠지
당간지주에 새겨진 이름 석 자로.

장마

장마 비에
밭농사 수박 참외 줄기 녹아내려
도시로 우산장사 간다던
장군이 아빠

한 해만 더 참고
씨 뿌려 가꾸어 가는데
민들레 태풍에
또 다시 갈아엎겠네.

목침을 베고
참외밭 지키던 원두막엔
장군이 아빠는 없고 마파람만 스쳐가
네.

"우짜꼬 흙 속에 있는
하지감자라도 건져야제
이놈의 비는 언제 거치누"

다시 장마 비에
우산 장사 간다던 장군이 아빠
희끗희끗 반백이 다 되어 가도 오도 못하네.

빈집

나뭇가지들은
빈집의 부서진 문틈으로
정지된 시계를 기웃거린다.

휴지들도 잠든 내실
도둑고양이는 떼로 몰려와
자기들 세상이라고
아기의 울음을 흉내 낸다.

쥐는 쥐대로 문틈을 쏠고
가랑잎들이 우수수 떨어질 때
문풍지도 따라서 운다.

태양이 눈부시게 떠오면
거미줄에 기다리는 거미처럼
새때같이 날아간 젊은이들이
뿌리를 찾아 다시 오기를
싸리문은 열린 채 기다린다.

지금도 봄이면
복숭아꽃 살구꽃이 흐드러지게 핀다.

부석사에서

대청마루 끝까지 비추던 여름 햇살은 숲속으로 숨어버리고, 소수서원 기와지붕에도 뜰에도 가을볕이 한가로이 눈부신 가운데, 고추잠자리 날고 청개구리 갈잎에 앉아 햇살을 잡으려 하고 있었다. 빨갛게 익은 사과 밭을 지나오며 지워지지 않는 것은 모고(물고기)였다. 소리가 밑으로 깔린다는 범종을 미세하게 손으로 쳐 보았다.

그 반응은 전신에 전율을 일으키고 땅속으로 사라졌다. 태고의 숨소리를 들을 수 있는 역사 탐방을 마친 후에도 그 영주 땅 울림이 이어지고 있었다.

축복 결혼

1968년 2월 22일 초봄엔
하얀 눈잎이 꽃잎처럼 날려
면사포 위로 살포시
내려오고 있었지.

하얀 눈잎이
면사포 위로 꽃잎처럼 날렸지.

거기에
그대도 있고,
나도 있었지.

하늘에서 내리는
눈잎 만큼이나
축복을 실감하고 있었지.

나의 소나무

나의 가슴엔
한 그루 소나무가 있지.

먼 길 달려오는 동안
그대는 나에게 솔 그늘이 되어 주고
영혼이 목말라 갈망할 때는
솔잎의 진액으로 채워주려 했지.

때로는 멀리 따로 있다 해도
언제나 나의 그늘이 되어주고
하늘의 아름다운 별빛처럼
햇살에 눈부신 초록 잎이 되어
나를 지켜주는 소나무!

맑은 영혼을 사랑한다고
산새처럼 지저귀고 있었지.
소나무로 서있는 그의 안에서…

병상일기 1

수술실 침대에서 하나님을 불렀다.
두 손을 꼭 잡은 채
하나님이시여
참 부모님이시여

비록 이 세상에 태어나
헌신봉사는 못했다 할지라도
남매 넷은 낳았습니다.

둘째 딸은 날려 보내고
세 남매를 키우다보니 한 평생
안개 속으로 잦아듭니다.

병상일기 2

꿈속에서 깨어나듯
불빛 소리들이 아렴풋이 들리고
하얀 간호사들이 아른거렸다.

이승과 저승 사이에서
아아, 깨어났구나
일곱 시 반에 들어갔는데
열 시 반이 되었구나.

오랜 시간 노심초사 기다려준
가족들 생각에 가슴 저려올 때
다른 침대로 옮겨졌다.

삼성병원 18층 10호실
가습기에서 수증기 나는 2인실로.

□ 내가 좋아하는 남편의 시

까치밥 외 1편

황송문

우리 죽어 살아요.
떨어지진 말고 죽은 듯이 살아요.
꽃샘바람에도 떨어지지 않는 꽃잎처럼
어지러운 세상에서 떨어지지 말아요.

우리 곱게 곱게 익기로 해요.
여름날의 모진 비바람을 견디어내고
금싸라기 가을볕에 단맛이 스미는
그런 성숙의 연륜대로 익기로 해요.

우리 죽은 듯이 죽어 살아요.
메주가 썩어서 장맛이 들고
떫은 감도 서리 맞은 뒤에 맛들 듯이
우리 고난 받은 뒤에 단맛을 익혀요.
정겹고 꽃답게 인생을 익혀요.

목이 시린 하늘 드높이
홍시로 익어 지내다가
새 소식 가지고 오시는 까치에게
쭈구렁바가지로 쪼아 먹히고
이듬해 새 봄에 속잎이 필 때
흙속에 묻혔다가 싹이 나는 섭리
그렇게 물 흐르듯 殉愛하며 살아요.

연가戀歌

황송문

세상이 추워질수록
생각나는 당신,
가슴 속 열두 대문을 지나
안채 방구들목에
불을 지펴드리겠습니다.

불은
당신의 말씀, 입술의 기운으로
은근히 덥여지는 따뜻한 나라
온돌방 아랫목
비단 금침 깊이깊이
밀어密語 한 꾸리 감아두겠습니다.

베개는 꽃씨로 채워서
밤마다 꿈자리는 꽃그늘에 만나고

달빛은 밤새도록
오동잎에 걸어두겠습니다.

□ 내가 좋아하는 자녀들의 시

고개 숙이고 나는 새

–아버님께

황인창

그는 언제나처럼
부처의 감은 눈을 하고,
자신의 날갯짓, 펄럭임조차 들리지 않는다.

가끔씩 눈을 떠
푸른 산과 푸른 들판을 한눈에 모으고,
모나리자의 미소를 띄우곤
살며시 눈을 감는다.

고개 들고 솟아오르는 새들의
웃음소리도, 다툼소리도,
그의 귀에는
모차르트의 자장가.

때론 비바람에 휘말리고,
때론 새들에 밀치어 휘청거리고,
때론 까닭모를 눈물을
잠시 떨구지만,
그의 완만한 비행은 언제나처럼
저 먼 곳을 향한다.

그의 긴 여정의 끝에는
앞서가던 동료들도 보이지 않고
탐스런 과실의 파라다이스도 아닌,
늘 도도히 흐르는 강물이 그렇듯이
한없는,
한없는 바다에 이른다.

1999년 4월 7일
호주 GRIFFITH UNIVERSITY에서

어머니

황순영

라일락꽃 마당에서 소녀처럼 노래하시던
어머니

피아노 가르치며 삼남매 다 키우신
어머니 작고 곱던 손은

힘든 세상일 피하지 않으시고
많이도 지칩니다.

꼬옥 쥐고 싶어도
꼬옥 안아드리고 싶어도
내 지난 불효가 부끄러워
가슴만 메이고

이 겨울 지나면

어머니와 봄이고만 싶습니다.
어머니 소프라노 노랫소리 들으며
오래…오래, 꽃잎 흐드러지는
봄이고만 싶습니다.

내 어머니

황혜정

아픈 어머니 생각에
눈물방울이
내 가슴속 깊이
떨어진다.

고생하신 어머니 생각에
눈물소리가
내 가슴속 깊이
공명한다.

어리석은 나를 강하게 세워주신
내 어머니

글라디올리스를 닮은
강하고 아름다운

내 어머니

영원히 불멸하시어
나와 함께 하소서.

따뜻한 숨소리가
온 우주에 명종鳴鐘하는
사랑하는
내 어머니.

□ 귀여운 외손자의 동시

바람개비

신승민

시원한 바람 때문에 빙빙 도는 바람개비
너무 어지러워 깨꼬닥!

따뜻한 바람 때문에 빙빙 도는 바람개비
너무 더워서 깨꼬닥

비오는 날 나가지 못하는 바람개비
너무 심심해서 엉~엉~엉.

태풍바람 때문에 고장난 바람개비
너무너무 아파서 진짜로 깨꼬닥!

□ 내가 기억하는 독자의 글

김길순 시인님!

시래기의 맛, 무서리 내리자 이엉처럼 엮은 시래기가 겨울바람 타고 강 건너 도시로 실려 왔습니다.

김길순 시인님의 시향에 취해가는 이곳은 미국 플로리다 주 새벽 창가에 물안개 가득 떠갑니다.

찻잔을 입에 대며 이곳에서 어렵게 구입한 『한국명시집』 책장을 넘기다가 「산행」, 「아베마리아」, 「시래기의 맛」 등 우리 민족과 긴 세월 함께 한 쌉쌀하면서도 입안이 개운한 그 맛은 어머님의 손맛이며 고향의 맛인데 김 시인님의 「아베마리아」도 제 가슴으로 오는 좋은 시입니다. 「산행」도 좋구요.

40여 년 전 미국에 와서 사업을 하며 수많은 날을 보낸 교포입니다. 젊어서는 앞만 보고 뛰어오다 이제 나이가 드니 저도 시 공부를 하고 싶습니다.

항상 건강하시고 더 발전을 빌며 난필 드립니다.

2007년 3월 15일
필립 드림

□ 해설

순애殉愛의 미美와 재생의식再生意識

지창영
시인 · 선문대학교 강사

처음 시집을 내는 김길순 시인의 작품을 대하면서 떠오르는 이미지는 옥색 저고리 한복 차림의 단아한 모습이다. 지난 2007년 5월, 생애 최초로 열린 황송문 시인의 출판기념회에서 볼 수 있었던 모습이기도 하다. 한복이 어울리는 모습과도 같이 그의 시에는 순송과 기다림의 미를 갖춘 조선 여인의 정서가 깃들어 있다.

바닷가에 서면
해변에 반짝이는 그대
야자수 그림의 남방셔츠에
귀여운 단추로 매달리고 싶습니다.

당신 가슴 열고 닫을 때
미소로 다가오며

옷깃 스쳐오는 바람결에
귀엽게 실려가고 싶습니다.

지금은 반짇고리에
버려진 채 세월을 보내지만
그대 셔츠에 붙게 되는 날
순간에서 영원으로 이어지는
사랑의 징표가 되고 싶습니다

―「단추」 전문

단추는 흔히 대단하게 여겨지지 않는 물건인데 시인은 여기에 착안하여 소박한 바람을 노래하고 있다. 남방셔츠가 주체라면 단추는 하나의 부속품이다. 자그마한 단추의 처지에서도 만족할 수 있는 것은 사랑이라는 연결고리가 있기 때문이다.

시인은 부속물의 소중함을 알고 있다. 아무리 보잘것없어 보여도 제자리에 있을 때 가치가 드러나는 진리를 이야기하고 있다. 단추가 없으면 셔츠도 완전하지 못하다. 사랑의 고리 안에서 셔츠와 단추는 하나가 된다. 소박하지만 우주의 원리이기도 하다. 천지 자연 만물에 어느 하나 귀하지 않은 것이 있던가.

소박한 존재의 가치에 대한 관심과 더불어 기다림의 미덕이 잘 표현되어 있다. '지금은 반짇고리에/ 버려진 채 세월을 보내지만' '순간에서 영원으로 이어지는/ 사랑의 징표가 되'는 날을 기다리며 인내하는 자세가 담겨 있다.

이러한 기다림의 의미는 남편인 황송문 시인이 「까치밥」에서 피력한 '흙 속에 묻혔다가 싹이 나는 섭리'의 여성적 버전이라고 할 수 있을 것이다. 기나긴 기다림은 절대사랑에 대한 믿음을 전제로 한다. 서두르지 않고 기다리는 삶, 때가 오기까지 인내하는 삶의 자세는 결국 거듭남의 세계, 절대사랑의 세계를 향한 기대와 염원이라 할 수 있다.

주인공이기보다는 부속물로서 가치를 드러내고 겸허히 기다리겠다는 의식은 시인 자신의 삶과도 닮아 있다. 나서지 않고 언제나 한 발짝 뒤에 머물 줄 아는 모습, 드러나기보다는 숨어서 봉사하는 모습이 천상 조선 여인이다. 30년이 넘도록 피아노 레슨으로 가사를 돌보아 온 삶이 그런 모습의 하나다.

> 밥 짓는 소리에서 살아난다네
>
> 된장찌개 맛있다고
> 말해주는 이 있어서 그렇고
>
> 눈물 찍으며 살아도
> 떠오르는 태양과 푸른 하늘
>
> 눈짓하는 바람을 만날 수 있어
> 삶이란
> 밥 짓는 소리에서 살아난다네.

— 「삶이란」 전문

밥 짓는 소리는 가족을 위하여 봉사하는 모습을 대변한다고 볼 수 있다. 「단추」에서 말하고자 하는 소박한 바람이 이 시에서도 나타난다. 현실에서 주어진 역할에 충실히 임하는 삶의 태도가 느껴지는 작품이다. '눈물 찍으며 살아도'에서 엿볼 수 있는 것처럼 근심과 걱정이 없을 수 없는 삶이지만 불평보다는 긍정의 자세를 견지하고 있다.

단추나 밥 짓는 소리는 여성적인 시각이 아니면 좀처럼 잡아낼 수 없는 소재다. 흔히 하찮은 일로 치부할 수 있는 일을 삶의 일부로서 귀히 여길 줄 아는 마음이 드러난다. 지금은 많이 변해가고 있지만 조선시대는 물론 최근에 이르기까지 가부장적인 사회 분위기에서 여성적 영역은 남성적 영역에 부속되는 성격이 강했고 그에 따라 여성의 애환은 대물림되었다.

생울타리 따라가다 보면
대나무 키대로 서 있는 뒤란
거기가 시댁이었지.

친정어머니 보고 싶어 속으로 울 때면
겨울바람 스치며 댓 이파리 우우 울었지.

―「도자기 화병」 부분

시댁에서 삶을 영위하며 친정을 그리워하는 여인의 모습은 가부장적 사회의 대표

적인 풍경이다. 시인도 다를 바 없는 삶을 다소곳이 이어왔고 바로 그 자리에서 여러 시 작품이 탄생했음을 볼 수 있다. 여성의 역할은 곧 어머니의 역할로 이어진다.

함박눈이 내린 밤
식구들 이야기는 끝이 없었네
땅에 묻은 항아리에서는
조선무들 살얼음 속에
겨울이 동동 피어있네.

사발에 비친 어머니 모습
지금도 아른거리는데,
하늘나라에서도
동치미를 담그고 계실까
함박눈이 왔어요, 어머니!
육 남매 기르시며 동치미 담그시던
시골집은 그대로 있는데,
집을 지키는 감나무에도
바람만 씽씽 지나갑니다.

－「동치미를 담그며」 전문

동치미를 매개로 일어나는 어머니에 대

한 그리움이 절절하다. 가족을 품고 뒷바라지해야 하는 어머니의 운명이 어느덧 시인 자신의 몫이 되었고, 사실 그 역할을 담담하게 해온 지도 꽤 많은 세월이 흘렀다.

어머니가 다녀가신 길을
내가 다시 다니러 와서
강물처럼 가고 있다.

해가 뜨고
해바라기가 해를 사랑하고
달이 뜨고
달맞이꽃이 달을 그리듯
우리는 누군가를
사랑하다가
그리워하다가
강물처럼 가고 있다.

－「길」 전문

여성으로, 어머니로 살아가는 삶의 회한이 그리움 속에 녹아 있는 작품이다. 여성이라는 역할 속에서 어머니와 화자는 하나다. 세월의 강물 속에서 소통하는 사랑이 자연

스레 하나의 작품을 이루고 있다. 어머니의 역할, 여인의 역할에 대한 회한은 다음 작품에 이르러 세월을 거슬러 역사 속의 여인상으로 접목된다.

비바람 스쳐
세월이 머무는 버팀목 나이테에서
툇마루 한지 문살에도
조상들이 스치고 간 흔적을 더듬는다

흙담을 돌아
열녀를 기려 세운
정숙한 여인이 다가온다

여인네의 정한을
무등을 타고 각시탈춤을 추며
모닥불이 다 타도록
징을 울렸던 하회마을
옛 숨소리 여전히 흐른다.

—「하회마을 풍경」 후반부

전통적 여성의 삶에 눈길이 간다는 것은 시인 자신의 성향이 그렇다는 점을 보여주는 것이다. '여인네의 정한'이 그대로 시인에게 이어지는 것을 느낄 수 있다.

여성의 영역을 일컬어 한때는 '최후의 식민지'라고 했으며 작금에 와서는 타자他者 또는 약소자弱小者(minority)의 세계로 일컬어진다. 여성이 하는 일을 따지고 보면 그만큼 고단하고 외진 영역이라는 점을 말해주는 대목이다.

흔히 고된 영역을 벗어나고 싶어하고 다른 유희와 쾌락을 찾고 싶어하는 것이 인지상정이다. 그러나 김길순 시인은 그러한 고된 삶 속에서도 시의 소재를 찾고 살뜰하게 가꾸어 왔다. 마침내 아름다운 시의 꽃을 피울 수 있었던 까닭은 바로 순종과 기다림의 결과이리라. 주어진 삶의 현실과 역할에 충실하는 순종의 미덕과 차분히 기다릴 줄 아는 끈기가 있었기에 끝내는 시의 길로 들어서는 운이 따랐을 것이다.

기교 넘치는 여느 시인의 작품보다도 사람의 마음을 움직일 수 있는 것은 삶의 숨결이 배어 있기 때문일 것이다. 삶에서 나온 시는 진실하고 감동적이다. 특이하게도 이 시집에는 남편과 자녀들의 시가 함께 실려 있다. 생활 속에서 가정을 돌보는 어머니의 마음이 그대로 시집에도 옮겨진 느낌이다. 병아리를 품는 어미 닭의 모습을 연상하게 한다.

중진시인인 남편의 작품 「까치밥」을 좋아한다고 했다. 곱씹을수록 맛이 나는 작품이다. '우리 죽어 살아요'로 시작하여 '그렇게 물 흐르듯 순애殉愛하며 살아요'로 마

무리하는 이 시에는 재생과 부활의 깊은 사상이 숨어 있다. 이러한 사상에 마음이 끌린다는 것은 김길순 시인 자신이 은연중에 '순애殉愛하는 삶'을 지향하고 있다는 것을 나타내 준다.

시정신의 깊이와 방향에서 남편과 같은 곳을 바라보는 모습이 아름답다. 어머니로서, 아내로서 김길순 시인은 이미 '까치밥'과 같은 삶을 살아온 것이다. 그런 죽음과 재생의 의식으로 「까치밥」과 교감하는 작품에 주목할 필요가 있다.

삶과 죽음의 갈림길에서

죽음보다 깊은 잠의 계곡을 지나
실낱같은 의식으로 떠오를 때
내면의 혼곤한 의식을 깨우며
신천지에 들려오는 소리
아베마리아
아득히 들리는 여명이다가
한 줄기 햇살이 창으로 들어왔다
얼마나 떠내려갔는지 알 수 없어도
재생의 먼 빛이 꿈틀거렸다
병실의 베개가 흥건히 젖을 때
소리 속의 소리를 듣고 있었다
우주에 떠다니는 내면의 소리
깊은 곳에서 뾰족 뾰족 움터오는
천지간에 속잎이 피는 소리를.

－「아베마리아」 전문

절박한 상황을 담담하게 정리한 작품이다. '머리글'에 소개되어 있듯이 '슈베르트의 명곡 「아베마리아 성모여」가 나의 의식을 깨웠을 때는 성모병원 창문에 아침 햇살이 눈부시게 부서지고 있었'다고 한다. 병원이라는 공간은 주로 육체의 치유와 재생을 위한 공간이지만 여기서는 정신적인 영역까지 그 범위가 확장된다. 그것은 '소리 속의 소리'로서 '우주에 떠다니는 물오르는 내면의 소리/ 깊은 곳에서 뾰족 뾰족 움터오는/ 천지간의 속잎의 소리' 즉 천지 창조의 소리다.

'신천지'는 다름 아닌 현실 세계다. 우리는 흔히 낯설고 새로운 것을 찾아 끊임없이 방황하는 삶인지 모른다. 그러나 기실 새로운 것은 지금 속해 있는 현실이다. 그러한 깨달음을 이 시는 보여주고 있다. 새로움은 외부에서도 찾을 수 있지만 내부에서 찾을 때 그 진정성이 큰 울림이 될 수 있다는 점을 새삼 느끼게 하는 장면이다. 현실에서 순애殉愛하는 삶을 살고 그것이 작품이 될 때 아름다움이 드러난다.

김길순 시인의 첫 시집을 반겨 맞이하는 것은 작품에서 기교가 능란하거나 동원되는 어휘가 찬란해서가 아니다. 시를 쓸 수 있는 마음의 바탕이 겸허하고 진솔하다는 점에 매력이 있다. 남편이 중진시인으로 우뚝 서기까지 부인은 생활로 뒷받침을 하고 남편은 다시 시의 스승으로 부인을 이끌어 주는 모습은 흔히 볼 수 없는 가정의 풍경이다.

서로 밀고 끌면서 여기까지 오는 가운데 어느덧 가정은 예술로 조화를 이루게 되었다. 재즈 피아니스트인 황순영 양을 비롯하여 자녀들은 물론 그 배우자들까지 모두 악기를 다룰 줄 안다. 시와 음악으로 조화를 이루는 화목한 가정이 이루어질 수 있었던 것은 뿌리 되는 부모의 역할이 든든한 밑받침이 되었기 때문일 것이다. 고난과 고통을 인내하며 거듭나는 삶을 지향하는 삶의 자세를 일관되게 유지해온 지난 날들이 있었기에 가능한 일이다.

그렇게 볼 때 황송문 시인의 '까치밥 사상'은 이미 가정에서 싹트고 자라 왔음을 알 수 있다. 이 시집에는 시인 내외와 자녀, 그리고 외손자에 이르기까지 삼대에 걸친 시가 수록되어 있다. 수준이야 어떻든 삶 속에서 구현하고자 하는 예술정신에서 한 길을 가고 있는 한 아름다운 동행이

리라.

말미에 밝히지만 김길순 시인은 내 스승의 사모님이기도 하다. 첫 시집 탄생을 뜨거운 마음으로 축하드리며, 황송문 시인의 제자 되는 여러 문우들과 더불어 건강을 특별히 기원한다. 단아함을 유지하면서 홍시처럼 익어가는 시편들을 계속 볼 수 있기를 바라는 마음에서…….

단추
김 길순.시
나 유성.곡
♩= 132
바 닷 가 에 서 면 - 해 변 을 거 니 는 그 대
당 신 가 슴 열 고 - 닫 을 때 미 소 를 주 며
야 자 수 무 늬 - 남 방 셔 츠 에 -
옷 깃 에 바 람 - 스 치 지 않 게 -
귀 여 운 단 추 로 매 달 리 고 싶 어 라 -
귀 여 운 단 추 로 살 아 가 고 싶 어 라 -
Fine
아 지 금 은 반 짇 고 리 에 -
버 려 진 채 세 월 을 죽 이 지 만 -
그 대 가 슴 에 볼 게 되 는 날 -
나 비 처 럼 사 랑 을 입 미 춤 하 리 라 -
D.C.

김길순 시집 단추

초판인쇄 단기 4342년(2009년) 5월 21일
초판발행 단기 4342년(2009년) 5월 24일
지 은 이 김길순
발 행 인 황송문
펴 낸 곳 문학사계
주　　소 서울특별시 영등포구 문래6가
56-1 미주프라자 102호
전　　화 (016)561-5773
팩　　스 (02)2637-9759
이 메 일 songmoon12@hanmail.net
등　　록 2005년 9월 20일
제318-2007-000001호

값 7,000원

배포처 자유문고 (02)2637-8988

ISBN 978-89-93768-12-1 03810